Finale. Gedichte

Alfred Ilk

FINALE

Gedichte

Bibliografische Information der Deutschen Nationalbibliothek
Die Deutsche Nationalbibliothek verzeichnet diese Publikation
in der Deutschen Nationalbibliografie; detaillierte bibliografische
Daten sind im Internet über http://dnb.dnb.de abrufbar.

© 2015 Alfred Ilk
Umschlaggestaltung: Nico Ilk
Satz, Herstellung und Verlag: BoD – Books on Demand
ISBN 978-3-7386-9155-9

INHALT

I.
Von Orbitchauffeuren und Atommülldomen
Die Zukunft der Menschheit

Piraten im Raum	*11*
Saurierkraft	*12*
Liotru contra Mongibello	*13*
Earthimpact	*14*
Sie glauben daran	*15*
Der neue Mensch	*16*
Die Bauchrednerin	*18*
Mars am Mond	*19*
Ich träume,	*20*
Atommülldome	*21*
Ablassdomdenkmäler	*22*
Kein Problem	*23*
Unescoistisch	*24*
Kulturleben der Menschheit	*25*
Ein Domentwurf	*26*
Die Lemniskate	*27*

II.
G wie Gott und W wie Welt
Fragen nach dem Woher und Wohin

Strings	*31*
Seit ich weiss,	*32*
$E = mc^2$	*33*
Im Anfang ist das Wort	*34*
Guttural-Geburt	*35*
Fragezeichen	*36*
Kann es sein,	*38*
Mystische Sehnsucht	*40*
Hauch	*41*
Ich nehme an,	*42*
Kreiss-Saal im All	*43*
Die Seinspotenz	*44*
Das Schattenei	*45*
Naivste Hypothese	*46*
Original und Imitate	*47*
Ur	*48*
Punktologie	*50*
Die Beutelbabies	*51*

III.
Gäa, diese Himmelsbraut
Der Planet und sein Leben

Der Schattenflug	55
Champions League	56
anstatt	57
Synapsen-Spion	58
Gynätektonisch	59
Gäagraphie	60
Sternenkinder	62
Das Unikum im All	64
Du Hamsterrad	65
Transit gloria	66
Leichenstreit	67
Ur-Gäa-du	68
www.gäa	70
Stoffwechsel	71
Vor dem Outfit	72
Ich stell mir vor,	73
Kann es Liebe sein?	74
Der Sauerstoffjodler	75
Im Geheimnis der Idylle	76
All Noon	77
Blütensex als Kreation	78
Marktnotiz	79
Lustkonzerte	80

IV.
Nach der Wanderschaft auf Erden
Der Kreislauf des Lebens

Agonie	*85*
Zitatenflau	*86*
Der Ausblick	*87*
Frühsport	*88*
Telegramme	*89*
Mysterium	*90*
Leicht gesagt, ernst gemeint	*91*
März 2013	*92*
Fast am Ziel	*93*
Staubgefühl	*94*
Gedanken vor dem Tod	*95*
Pegasus bei Nacht	*96*
Anästhetisch	*97*
Herbst	*98*
Die letzte Lebensphase?	*99*
Aura-Kern	*100*
Nicht der Endspurt,	*101*
Vom Autor ist bereits erschienen	*102*

I.

VON ORBITCHAUFFEUREN UND ATOMMÜLLDOMEN

Die Zukunft der Menschheit

*Meinem Bruder, dem Genie
in der Glasindustrie*

PIRATEN IM RAUM

Ein Raumschiff gondelt durch das All
– zur Hälfte blau verblendet –,
beim Stapellauf noch Feuerball,
von einem Stern gespendet.

Milliarden Jahre törnt es schon
mit havariertem Pool am Deck
und Astrostaub in Kommission
für den geplanten Lebenszweck.

Die Brut ging auf. Es glüht nur noch
der Schiffsmotor im NiFe-Bauch,
der leckt manchmal aus einem Loch
mit Diarrhö und Aschenrauch.

Der Kapitän ist unbekannt,
man munkelt über sein Geschlecht.
Die Mannschaft ist im Widerstand
und streitet um das Steuerrecht.

Die Hälfte hofft auf Wiederkehr
des Navigators mit Brevier,
der kursbewusst das Sternenmeer
durchkreuzt zu seinem Hafenpier.

Die andre Hälfte hisst am Mast
die Fahne der Piratencrew.
Der Frachtraum mit der reichen Last
ist Plünderplatz: ohne Tabu.

SAURIERKRAFT

Mit vergärtem Blut im Tank
und dem Emissionsgestank
leben diese Viecher wieder
und bewegen ihre Glieder
technisiert und digital
als dressiertes Personal.

Krane mit Roboterkrallen,
Tunnelbohrer mit Kristallen,
Sattelschlepper, Flugmaschinen,
Stahlblechkörper mit Turbinen
fauchen, dröhnen, jagen, fräsen
mit Gewalt der Urtierwesen.

Archetypisches Getümmel
schlossen Brocken aus dem Himmel
zur Verwandlung in Kavernen
nach Geheimrezept von Sternen.
Aus Riesenviechern wurden sie
mit der Zeit zur Energie.

Raffiniert wird aus Essenzen
umgeformter Existenzen
der Gehalt der Lebenssäfte
inkarniert in Zauberkräfte.
Schliesslich äussert sich der Rest
umweltfeindlich wie die Pest.

LIOTRU CONTRA MONGIBELLO

Der grosse Ätna ist verschneit.
Doch schwarze Lavazungen
beflecken das Eis,
und keiner weiss,
wann in den heissen Lungen
der Bronchienschleim erneut
zu röcheln und prusten beginnt
und glühend über die Hänge rinnt.

Schon bauen sie wieder in kalten
Basalten unter den Maren und Spalten
– den Furunkeln der irdischen Hölle –
Gebäude und Häuser auf dem Gewölle.
Und zwischen geteerten Strassen
die Plätze für Touristenterrassen.

Der schwarze Elefant
bewahrt Catania vor dem Brand.
Isis und Agatha verbannen zudem
auf seinem Rücken das Magmaproblem.

EARTHIMPACT

Obwohl sie noch mit Bauchbeschwerden
gelegentlich aus Kratern hustet,
bewohnen sie die Unbelehrten
und pflügen das, was sie verprustet.

Sie bauen auf Furunkeln Häuser,
campieren an Prostata-Stränden,
glauben fest wie die Kartäuser:
die Willkür sei in Gottes Händen.

Dass selbst aus Himmlischem, dem All,
ein Bombenspam die Welt will stören,
ist für die Gläubigen ein Fall,
das Weltende zu beschwören.

Nur die NASA und Konsorten
bauen Weltraumspam-Kanonen,
um den Earthimpact zu orten
und die kranke Welt zu schonen.

SIE GLAUBEN DARAN

Sie haben das Rennen unter den Tieren,
die allesfressenden Parasiten,
gewonnen, wie Gott es versprach,
und zahlreich wie Sand oder Viren
die Erde bevölkert zu Fuss und beritten
das Meer und den Himmel danach.

Sie haben nichtsahnend ein Raumschiff gestürmt,
den Käpt'n getötet, die Crew versklavt,
den Frachtraum seiner Schätze beraubt,
das oberste Deck betoniert und beschirmt
mit Cyberspace und ungestraft
naiv an heilige Kriege geglaubt.

Sie schielen nach neuen Möglichkeiten.
Das Schiff im Raum wird ihnen zu klamm.
Der Mond als Start- und Sprungdeponie
im Anhang könnte den Kreuzer begleiten
mit Laserkanonen gegen den Spam
und anderen Schrott in der Galaxie.

Sie werden dem Kosmos Leviten lesen,
denn schliesslich hat sie ein Gott vermehrt,
da war zwar die Welt noch ein Wüstenschiff,
die Himmel bewohnt von Engelwesen.
Doch jetzt werden oben die Sonden verehrt
mit Orbit-Chauffeuren im Sternhagel-Riff.

DER NEUE MENSCH

So überraschend toll ist dieser Mensch,
dass er die ganze Welt als seine Ranch
gepachtet hat und Globus nennt. Global
ist auch die Aufsicht aus dem All.
Um Nützliches zu züchten und zu achten,
wachen Vasallen-Krieger und verfrachten
den Weltraumschrott und schützen die
bedrohte Erde vor der Havarie.

Zuweilen gibt es Konferenzen
zur neuen Ordnung ohne Grenzen.
Die WHO im Raumpalast
mit Vetorecht ist Dauergast:
Was irdisch (unterhalb) passiert,
wird höchst akribisch registriert.
Man hat, was man den Globus nennt,
total vermessen und gescannt:

Der neue Mensch regiert von oben,
und die Regierten soll'n ihn loben.
(Der alte Gott war nicht zu finden
und darum neu nicht zu begründen.)
Gebote liefern nach wie vor
die Medien aus dem Raumlabor.
Die GPS sind multifunktional
und zielbestimmend für Moral.

Wer nicht gehorcht, wer rebelliert,
wird angemahnt und malträtiert,
Elektroschocks und schrille Grillen
beherrschen Köpfe und den Willen.
Das grosse Über-Es im All
bestimmt die Ichs in jedem Fall.
Im Kosmos wird es proklamiert:
Der Mensch hat Gäa annektiert!

Als Massewesen hat bis jetzt
der Mensch die Erde sehr verletzt.
Als Konzentrat in einem Geist,
um den das Polywissen kreist,
diktiert Es nun von oben her
Rezepte für das kranke Meer,
Verhalten für das Land im Smog
als kosmischer Dermatolog.

DIE BAUCHREDNERIN

«Bravo!», sagt die Erde jetzt
zu den Umweltkatastrophen
und den GAUs, die sie zuletzt
stärker noch als schon betroffen.

«Meine Haut ist gut erprobt.
Ein paar Löcher schaden nicht,
doch wenn ihr so weitertobt,
schändet ihr mein Raumgesicht.

Weil schon öfter aus dem All
tumbe Meteore fielen,
wäret ihr beim nächsten Fall
Kandidaten für Fossilien.

Bravo, sag ich drum dem bösen
atomaren Arsenal,
dieses könnte mich erlösen
von Impakten aus dem All.

Mit den neuesten Kanonen,
lauernd und erprobt am Mond,
werden Kriege nicht mehr lohnen,
und ich bleibe auch verschont.»

MARS AM MOND

Die Menschheit hat die Welt gerettet
vorm Untergang nach letztem GAU,
den Waffenplatz zum Mond gejettet
mit Astrophysikern im Bau.

Dort lauern nun die Astronomen
zum Schutz vor Meteor-Impacts
und rüsten Digitalkanonen
mit laseratomaren Quarks.

Die Erde wird global geschützt.
Kometenbrocken sind gebannt.
Der Mond, vom Militär genützt,
schweigt weiter über Meer und Land.

Globale Kriege sind Geschichte.
Asteroiden und Kometen
sind jetzt die wahren Feind-Gesichte
mit Kurs auf unseren Planeten.

ICH TRÄUME,

dass noch unentdeckte Maden
die Satellitenwracks im Himmel
befallen haben wie ein Schimmel,
der sich vermehrt im Spamgewimmel
vom Orbit und nicht zum Schaden
gefrässig ist wie ein Geschwür,
das Rost verdaut wie sonst kein Tier.

An alten Sonden wuchert schon
der Schleim der Madenmutation
mit Sonnenwind als Steuerstrom
zur kabellosen Raumstation.
Sphärische Musik mit Unterton,
wie Rillensprung am Grammofon,
bestimmt den Start in Formation.

Raumbegierig sind die neuen Falter,
listenreiche, flügge Schreckensegler,
akkurat wie Müllverwalter
sortieren sie Schrott per Auswahlregler.
Endlich wird der Himmel wieder rein
wie einst mit den Engeln sein –
dank Insekten-Schaumdesign.

ATOMMÜLLDOME

Dem Atommüll in den Tonnen
gönnt man jetzt nach letztem GAU
strahlensicher, stahlumsponnen
in den Zentren einen Bau.

Nicht in magmanahen Schichten,
nicht in Salz und Steinbergwerken
werden wir den Müll verdichten,
sondern einen Dom verstärken.

Sicher vor den Terroristen
und als Mahnmal unserer Zeit
für die späteren Touristen
diese Sehenswürdigkeit.

Noch in hunderttausend Jahren
wird man mitten in den Städten
mit Respekt den Bau umfahren
und die Löcher sorgsam glätten.

ABLASSDOMDENKMÄLER

Erst wenn neue Kathedralen
strahlensicher betoniert sind,
atomares Gift in Schalen
um Altäre deponiert sind,
leuchtend gelb und rot markiert,
ist die Zukunft garantiert.

Terroristenfern in Schichten,
sicher und getarnt in Werken
müssen wir den Müll verdichten,
rundherum die Mauern stärken,
um den Irrtum einzuschliessen:
mit vernünftigem Gewissen.

Unbetretbar und tabu –
für Idioten und Experten.
Diese Tempel bleiben zu
als Symbole der Bekehrten
atomar verseuchter Zeit:
grause Sehenswürdigkeit.

Darum steh'n in Metropolen
jetzt die Türme zur Beschauung,
dekoriert mit Giftsymbolen
zur vernünftigen Erbauung.
Nur die Risse in den Hüllen
muss die Nachwelt sorgend füllen.

KEIN PROBLEM

Betonierte Bunkerdome
sind das neueste Bestreben:
Lagerstätten für Atome,
die noch strahlen in den Stäben,
ausgebrannt in AKWs,
sich'rer als in tiefsten Gräben
zu verwahren auch in spe.

Oberirdisch kolossal
wie ein Mahnmal dominant
steh'n die Bunker überall
mit Respekt verehrt im Land.
Überprüft und streng bewacht
von Sensoren in der Wand
und Experten Tag und Nacht.

Werden wohl die Farben reichen
(gelb und rot mit Giftsignalen),
dieses Mahnmal anzustreichen,
immer wieder, gegen Strahlen,
die im Innenraum noch brüten
in armierten Betonschalen,
ihr Entweichen zu verhüten?

Hunderttausend Jahr wird's dauern,
bis die Strahlen in den Mauern
endlich müd und harmlos werden
und die Umwelt nicht gefährden.
Danach kann man Fahnen hissen,
wieder die Touristen grüssen
mit Unesco'schem Gewissen.

UNESCOISTISCH

So wird Früheres erhalten,
Gegenwart sorgsam kuriert,
künftig will der Mensch gestalten,
was Natur nicht produziert.

Neu versteht man die Begriffe
und baut Tempel für den Geist,
für die Götter auf dem Schiffe,
das die Galaxie umkreist.

Exquisites unter Strahlen,
die das Zelt auf Deck verblauten,
schenkt UNESCO den sakralen
Menschenkult, die Sklaven bauten.

Und den Wert in ihren Werken
der Kultur und Poesien
wird die Dauer nicht verstärken
mit Atommülldeponien.

KULTURLEBEN DER MENSCHHEIT

Der letzte GAU ist längst vergessen.
Ruinen fangen an zu blüh'n.
Und was die Geier nicht gefressen,
das oszilliert im Knochengrün.

Die Ratten sind nach Günther Grass
die Erben der zerstörten Welt.
Das Meer ist zwar verstrahlt noch nass,
Gebirge nur zum Teil verstellt

und in den Menschenrest-Kulturen
aus Stahlbeton und Plastikhügeln
trainieren Nager in Monturen,
Insekten mit Radar in Flügeln.

Wo Astronomen teleskopten
in Domen mit den Schiebetüren,
versammeln sich die Schwarzverlobten,
um eine Königin zu küren.

Gekrönt werden berühmter Ahnen
Töchter aus der Arche Zeit,
die rattenschlau der Flut entkamen,
dem Genozid der Göttlichkeit.

Die Rättin, ein mutiertes Monster,
beerbt mit Strahlenresistenz,
erklärt die Erde als Gesponster
von Noahs Schuld Reminiszenz.

EIN DOMENTWURF

Der Kuppelbau am Pantheon
in Rom mit seinem Loch ins Nichts
als Planstruktur für einen Dom
der Gnostiker gottlosen Lichts –
mit Nischen für das Internet,
das unter den Apsiden steht.

Die Wölbungen antiker Kraft
bestrahlten Laserlichter,
auch Bilder aus der Wissenschaft
und Text profaner Dichter.
Altäre gäb es ringsherum,
im Zentrum ein Aquarium.

Balkone und Emporen hingen
rundum an bunten Marmorwänden,
geziert mit den fossilen Dingen
in Mosaik und Kunstbeständen.
Aus Boxen sphärische Musik
und Neuestes aus der Physik.

Im fensterlosen Raum erhelle
ein Flutlicht die Atommodelle!
Die Liturgie in solchen Domen
sei zelebriert von Astrognomen.

DIE LEMNISKATE

Der Kreis der Welt ist gross geworden
aus Jammertal und krankem Sumpf.
Am Übungsplatz für Himmelsorden
gilt jetzt Erweiterung als Trumpf.

Die Flachlandaugen lernen schauen,
die Dimensionen vertikal
im Raum verzirkelt einzubauen –,
der Mittelpunkt ist nun im All.

Was war die Welt doch missverstanden,
wo Blindheit träumte, Gier regierte.
Die Sicht ins All war nicht vorhanden,
die unsren Standpunkt korrigierte.

Wir sind dabei, und wir erkennen
die Ungewissheit in der Zeit,
die wir den freien Webstuhl nennen
fürs ewig wandelbare Kleid.

Wer ihn bedient, den Rahmen dehnt,
die Schiffchen schiesst, die Fäden spannt,
den Elementen Stoff entlehnt,
kreiert und trennt am Zeitgewand.

So wird das Leben auch verwoben,
doch muss es erst gesponnen sein;
gespult, sortiert zu zart und groben
entworfenen Mustern aus dem Keim.

II.

G WIE GOTT UND W WIE WELT

Fragen nach dem Woher und Wohin

STRINGS

Es schläft ein Lied in allen Dingen,
das schon die Urzeit komponierte;
es konnte lange nicht erklingen,
weil es im Chaos dissonierte.

Es brauchte kosmische Gebärden,
die Partitur im Schaum zu finden:
die Melodie vom ersten Werden
mit dem Bewusstsein zu verbinden.

Es braucht das Zauberwort für Töne,
das sich ins Mystische verliebt,
wo im Verborgensten das Schöne
Etüden fürs Orchester übt.

Es singt in weiten Innenräumen
und spielt das kleinste Instrument,
von dem die Astronomen träumen:
das allerfeinste Element.

SEIT ICH WEISS,

wie Quantenteilchen sich benehmen,
wie sie den hellsten Köpfen widersprechen,
und es bewiesen scheint, dass die
gesamte Welt aus diesen existiert
– der Raum, mein Ich, die Galaxie –,
bin ich viel weniger geniert,
mich in Gesellschaft meiner Schwächen
bei Spinnereien nicht zu schämen.

Ich springe gern ins Mondgesicht,
wenn es im Pool des Nachbarn schwimmt.
Ich bade gern im schwarzen Loch,
im Schlamm der anderen Wirklichkeit
in Kurhotels. Ich glaub jedoch,
weil es die Sterne auch gern tun
mit Empathie und allem Licht,
pulsierend noch, wenn es verglimmt –,
dass die Physik dabei nicht stimmt.

$E = MC^2$

E ist gleich mc Quadrat;
was diese Gleichung in sich hat,
besiegt die Angst vor dem Vergehen,
beweist die Wandlung im Geschehen.

Du bist und darfst auch etwas sein
als Mensch, als Tier, sogar als Stein,
bist gleichwohl Leib wie Energie,
veränderlich durch Entropie.

Das Nichts negieren ist absurd.
Das Nichts ist Fötus, Vor-Geburt
diffuser Teilchen beim Probieren,
mal hart, mal weich zu fusionieren.

So ist der Mensch auch programmiert:
Er weiss nicht, was aus ihm mal wird.
Steht E gleich m mal c hoch zwei,
ist Lebensgier = Prahlerei.

IM ANFANG IST DAS WORT

Nicht der Urknall war's: Das Wort
erschuf die Welt der Dimensionen
nach den Im- und Explosionen
und kreiert sie weiter fort.

Armer Kosmos ohne Sprache.
Armer Raum, lautlos und leer.
Pflügt die Wüste kein Fellache,
fischt kein Fischer hinterher.

Die Signale, die Begriffe
für die Nähe und Distanz
sprechen nur von einem Schiffe
in der Flotte mit Substanz.

Und die Dinge haben Namen,
auch Gewalt und Chaosstaub,
dem die ersten Silben kamen
fürs Getier, für Futterraub.

Was besteht, wär nicht vorhanden,
hätte keine Existenz,
wäre nicht das Wort vorhanden
durch die Seins-Intelligenz.

Ohne Echo, ohne Ohren
ist das Weltall rundherum.
Erst das Wort hat es geboren
für ein tumbes Publikum.

GUTTURAL-GEBURT

Wer hat den Namen «Welt» geprägt,
wer «Gott» das erste Mal gesagt,
die Angst als Ehrfurcht ausgelegt,
die Ungewissheit frech befragt?

Wer hat die Grenzen vom Revier,
das Biotop für das Getier
paranoisch ignoriert
und mehr, als sichtbar war, fixiert?

Wer war so kühn im ersten Lallen,
ein Komponist im Gutturalen,
der auch den Dingen Sprache gab
und Existenz im Schattengrab?

G wie Gott und W wie Welt,
H wie Himmel oder Held –
Mond- und Sonnenalphabete
milderten die Seelennöte,

weiteten den Blick ins All,
in die Leere ohne Schall.
Welt und Gott und Held sind drum
ein seelisches Panoptikum.

FRAGEZEICHEN

Was wohl so ein Alien sagte,
wenn ich ihm begegnen könnte,
nach den Dingen um uns fragte:
Wie er dies und das benennte,
ob er Wasser auch mit Wasser,
Bäume, Blumen, Erde, Licht
und die Sonne eher krasser
namentlich als ich anspricht?

Wie sagt er zu seinem Stern,
der auf seine Erde strahlt?
Oder nennt er Lebenskern
den bestrahlten Aufenthalt?
Spricht er auch mit Wort und Satz,
mit verschiedenen Begriffen?
Steht er auch an einem Platz,
oder schwankt er wie auf Schiffen?

Fühlt denn, wenn er fühlt, auch er
mit den andren Leid und Glück
oder manchmal ein Malheur –
schaut er überhaupt zurück?
Wenn er schaut, sieht er auch grün
so wie wir und fühlt den Stein
hart wie wir und Blumenblühn
weich und zart zum Sinnlichsein?

Kaum zu glauben, dass die Namen
unsrer Welt den anderen gleichen,
diesen ETs mit den Damen
und den Kids aus fremden Reichen.
Wer wird unser Raumdolmetscher
für den Code der Ufo-Reisen-
den mal sein? Auf dieser Gletscher-
Schmelzer-Haut um Nickel-Eisen?

KANN ES SEIN,

dass wir den Auftrag haben,
was ist und nicht ist zu vermessen,
dass der Mensch mit Geistesgaben
das Universum erst kreiert?
Ein Unbemerktes bleibt vergessen,
nur das Vermerkte existiert.

Vielleicht sind andre Wesen auch
daran, die Nähe und die Weite
begrifflich zu bestimmen und
die Dinge nicht nur zum Gebrauch
nach der Länge und der Breite
zu hinterfragen bis zum Grund.

Im Schulhof unserer Atmosphäre,
der lichtgeschwängerten Natur,
die ohne Pflanzenwelt nicht wäre,
hat sich Bewusstsein etabliert:
Es liest des Lebens Partitur,
die ewig fort verwandelt wird.

Liegt es an uns, die Zeit zu zeigen,
wie sie im All verschieden tickt,
im grossen Toben und im Schweigen
der Galaxien Licht entbindet,
das wiederum im Loch erstickt,
ins Nichts vielleicht verschwindet?

Gibt es Experten für so Grillen
wie Utopien, Gott und Geist,
codiert in unsrem Lebenswillen,
der weder Sinn noch Auftrag hat,
nur die Vergänglichkeit beweist,
und keinerlei Bedeutung hat?

MYSTISCHE SEHNSUCHT

Alle Religionen ehren
Götter oder einen Gott,
und sie opfern auf Altären
auch das Teuerste in Not

für ein gütiges Erscheinen
aus dem Himmel, aus dem All,
um die Menschheit zu vereinen
wie beim Kinderfestival.

Dafür bauen wir die Tempel,
dekorieren die Kultur
zur Begrüssung, per Exempel,
einer höheren Natur.

Und wir üben die Musiken,
singen tanzend mit im Chor,
bis wir endlich Ihn erblicken
in der Welt wie nie zuvor.

Würde Er bei uns verbleiben
oder mehrere vielleicht,
allen Unbill zu vertreiben
in der Welt, die keiner gleicht?

HAUCH

Wenn Jesus Gott gewesen wäre,
so schöpferisch und absolut
wie's heisst im Text der Kirchenlehre,
dann fehlte ihm die heil'ge Wut,
die Not der irdischen Misere
zu reinigen vom bösen Blut.

Nicht als Gott will ich ihn ehren,
denn das wäre Blasphemie,
aber für sein Tun und Lehren
als humanstes Geist-Genie.

Wäre Jesus Gott gewesen,
hätte er kein Wort gebraucht.
Einen Gott kann man nicht lesen,
man versteht schon, wenn er haucht.

Gottes Hauch ist überall
auf der Erde und im All.
Unsichtbar und doch vorhanden –
nur im Bösen unverstanden.

ICH NEHME AN,

dass alles, was der «Alte» dachte,
sich auf der Erde inkarnierte,
wenn ich den Raum rundum betrachte
mit Schwerkraft, die zur Ordnung führte,
die wiederholten Wandlungen im All,
die Dunkelheiten und die Leeren,
die sich vermehren seit dem Knall
wie Nachgeburten beim Gebären.
Nur für den Garten in der Welt
kreierte Er das blaue Zelt.

Doch alles, was die Menschheit macht,
ist, dass sie weiter expandierte,
sich miteinander stets verkracht,
um Eigentum die Kriege führte,
zuletzt global und auch im All
schon Anspruch stellt auf Gold in Sphären,
sich rüstet für den Überfall
mit laserheiss bestückten Fähren.

Anstatt bewundert, wird gestohlen,
man inspiziert, um was zu holen.
Die Menschheit ohne Auftrag hat,
zum Parasitentum mutiert,
nun auch den «Alten» exkarniert.

KREISS-SAAL IM ALL

Meine letzte Illusion ist,
dass man Gott entdeckt
im Bauch des Nichts
als Subjekt-Objekt.

Als Immanenz der Existenz
ums Nichts herum und mittendrin,
als die verborgene Potenz
der Nachgeburt mit klarem Sinn.

Noch ist alles wie absurd,
wie verschleiert und verschmiert
in Erwartung der Geburt
aus dem Nichts, das Gott sein wird.

DIE SEINSPOTENZ

Das Nichts ist wie ein Gott,
der unbekannte Grund und Plot
im Anfang und im Werden
mit versiegelten Gebärden.

Gott und Nichts sind vor dem Sein.
Ergo ist die Existenz
angelegt in ihrem Keim,
dem Nichts, als Seinspotenz.

DAS SCHATTENEI

Dass das «Nichts»
wie «Licht» benannt wird,
heisst doch,
dass es existiert:

als ES, als SIE,
als Gott, als ER –
nur unbekannt
vom Sehen her.

Es ist jedoch
nicht fest, nicht weich.
Es ist kein Loch,
eher ein Teich

von zähem Brei,
porösem Schaum,
ein Schattenei
vor Zeit im Raum.

In diesem schlief
das ganze All
bis zur Geburt
von Licht und Schall.

NAIVSTE HYPOTHESE

Der Keim im Sein des Nichts
(das Plasma-Chaos nach dem Knall)
ist Saatgut des opaken Lichts
aus einer Welt vor unsrem All.

Ergo ist das Werden-Wollen
Traum vorausgelebter Welt,
die dereinst im Nichts verquollen
ihren Samen noch gestellt.

In den neuen Wachstumsphasen
– Energie im Material –
sehnt sich alles in Ekstasen
wieder hin nach dazumal.

Fruchtige Fusionen tanzen
wie befreit aus Finsternis.
Steine, Tiere, Menschen, Pflanzen
parodier'n die Genesis:

Varia in Plot und Bau
neuer Existenzen,
um den nächsten Welten-GAU
künftig zu begrenzen.

ORIGINAL UND IMITATE

Jeder Keim träumt von der Form,
von dem ausgelebten Wesen,
von dem Licht, das ihn gebor'n,
und dem Plot in den Synthesen.

Keim der Rose ist die Rose,
variiert, codiert im Traum,
lauernd wie in Selbst-Hypnose
vor der Mantratür im Raum.

Lichtvernarrt und sphärensüchtig
– ob als Tier oder als Blatt –
ist der Plot im Werden wichtig,
den der Same in sich hat.

Ursprung für das Raumgebilde
war der Inhalt vor dem Knall,
nach der Reife der Gefilde
vorgelebter Welt im All.

Rosenduft aus lichtkreierten
Formen in opaker Zeit.
Aurahauch aus fermentiertem
Kern der Wiederholbarkeit.

UR

Was hab ich nur
mit diesem Ur?
Uralt, urtümlich,
Ur,
der Auerochs,
die Urnatur.

War Abraham
aus Ur?
Ur
ist fast wie Gott,
ein Wort zwar
nur;
uralt,
ist eher warm
als kalt.

Urahnen aus Silur,
Urwelten, Urvertrauen:
Niemand kann die
Urzeit schauen.

Urgestein
ist kein Fossil.
Urmeere gibt's nicht mehr.
Urpflanzen nur gedacht.
Urtiere nachgemacht.

Urmensch als Kreatur
in der Natur
mit der verlorenen
Spur
der Ur-Kultur.

PUNKTOLOGIE

Ein Punkt im Nichts war vor der Zeit,
ein Krebsgeschwür noch ohne Dimensionen.
Der Wunsch zu werden war bereit,
das Nichts als Kronos zu bewohnen.

Es platzte die Begierde auf
und wuchtete ins schwarze Leere.
Nichts widerstand dem Bauchauslauf,
kein Schaum kam in die Quere.

Es war wie im Schlaraffenland,
es buk und kochte selbst sich gar.
Ein heisser Schnee, ein kalter Brand
verwandelten den Punktquasar.

Es wurde Licht. Es war geschehen.
Die Zeit hat dabei mitgemischt.
Sie lag im Punkt schon vor den Wehen
wie Bodenwellen vor der Gischt.

DIE BEUTELBABIES
Für Martin Ebel

Woher sind wir? Wo geht es hin?
Die Frage trifft uns mittendrin:
Der Mars ist kalt, die Venus kocht,
das Licht wird irgendwo verlocht.

Der Anfang ist auch schleierhaft:
War es ein Kern oder ein Saft?

Man sagt, es war so was wie Licht,
doch ohne Strahl, ohne Gewicht,
in einem Nichts, das schwanger war
und insgeheim Gewicht gebar.

Da war doch plötzlich eine Schwere
für Nachgeburten in der Leere.

Das lebt noch in Erinnerung
bei jedem Fluchtversuch und Sprung.
Das Nichts als Mutter macht hingegen
die Ahnenforscher sehr verlegen.

Das Beutelkind vom Känguru
fragt nicht woher und nicht wozu.

III.

GÄA, DIESE HIMMELSBRAUT

Der Planet und sein Leben

DER SCHATTENFLUG

Es wird Nacht. – Wach auf!
Das Licht färbt jetzt die andren Teile
dieser Welt in ihrem Dauerlauf.
Dein Blick wird frei für eine Weile.

Geniess die Schau im Taumel-Törn,
erwach und staune auf der Fahrt
durchs All. Im Raum von Stern zu Stern
als Schatten wie ein Nachtbussard.

Kein Dach, kein Zwang. Äonosphären.
Die Zeit pausiert und blinzelt aus
den Löchern mit den dunklen Leeren –
ein Sonnenwind trägt sie hinaus.

CHAMPIONS LEAGUE

Bewusstsein ohne Blick ins All
ist wie ein Fuss am Lederball.
Die Welt ist flach begrenzt fürs Spiel
im Wettkampf mit dem Tor als Ziel.

Im Kosmos sind die Stadien
spiralig für den Spielerfan.
Kein Offside, keine Grenzen kennt
die Raumregie im Reglement.

Der Schiri ist kein Pfiffobjekt
und dirigiert das Spiel versteckt.
Die Bälle glüh'n und haben Drall,
manch einer brennt im Futteral.

Die roten Karten kriegen Riesen
zum Explodieren und Verkiesen
für neue klumpige Etüden,
in Wandlungen nicht zu ermüden.

Das Tor, das Loch der Galaxie,
ist ein Geheimnis der Regie.
Man schiesst dort gern als Star daneben:
Ein Treffer kostet ihn sein Leben.

Die Highlight-Zeit im All ist drum
no Winning-Game ad aeternum.

ANSTATT

Anstatt die Nacht als Fenster zu erleben,
zum Traum im Raum und beim Erwachen
den Blick nach oben zu erheben,
verblenden wir sie rings und machen
nur milchig trüber unsere Sicht
für Wahrheiten im Himmelslicht.

Wir verlängern unsere Tage.
Selbst der Mond erstaunt, weil jetzt
die Schwester nachts so Helles trage
und fühlt sich als Trabant verletzt.
Sein Wechselspiel im Widerschein
bemerkt nur noch ein Suchtverein,

jene wenigen in Domen
mit den Kuppelschiebetüren,
wo genau die Astronomen
nachts das Buch der Sterne führen.
Was sie uns zu sagen haben,
diese Nächtebuchbetreiber?

«Korrigiert die Strafaufgaben
alter Katechismusschreiber!
Statt Crime and Sex im Zelt
vermessen wir die Sternenwelt,
wo die Zeit Gewänder wechselt
und das Sein der Zukunft drechselt.»

SYNAPSEN-SPION

«Ha!», sagte kürzlich ein Komet,
als er fast die Erde streifte,
«es scheint, dass da ein Hirn entsteht
in der Hülle, ganz diskret,
des Blauen, der nie schweifte.

Durch den Schleier seh' ich jetzt
viele graue Schwebekästen.
Funkensprühend und vernetzt
zeichnen sie mit ihren Ästen
neuronal codierte Gesten.

Ha!», sagte der Komet zu sich,
«das erzähl ich den Geschwistern.
Diese Welt ist wunderlich!»
Doch auf dem Weg ins All verlor
der Komet sein Flüsterrohr.

GYNÄTEKTONISCH

Um die Erde zu erkennen,
braucht es diesen Blick von aussen,
paranautisch mit Antennen
und Sensoren für das Brausen.

Uranos, der blaue Dunst,
stöhnt noch immer in der Brunst,
penetriert noch als Kastrierter
Gäas Haut wie ein Genierter.

In dem sausenden Begehren
sind Ekstasen am Gebären,
platzen Blasen, knospen Triebe
aus dem Bauch mit Lustgeschiebe.

Was da scheinbar ruht und träumt,
eingebettet, bunt gesäumt,
ist gebenedeit mit Samen,
die dem Chaosbrei entkamen.

Schwanger ist noch immer die
Sonnenbraut der Galaxie:
nebulös umschlungen vom
Leben zeugenden Patron.

GÄAGRAPHIE

Gäa, diese Himmelsbraut
mit der raffinierten Haut
über pubertärem Leibe,
war als Kind noch eine Scheibe.

Tummelte sich mit Geschwistern
übermütig, keck und lüstern,
kokettierte mit den Brocken
aus dem All ganz unerschrocken.

Bald hat sie mit roten Wangen
einen Mond sich eingefangen,
der mit Wollust seiner Kräfte
rhythmisierte ihre Säfte.

Und sie flirtete mit Strahlen
ihres Vaters: Bot in Schalen
dessen dürstenden Photonen
Sex und Saft in Protozonen.

Aus dem rund geword'nen Mädchen
sprossen plötzlich Eiweissstäbchen,
die mit Licht und Gäas Gasen
leben wollten in Ekstasen.

Gäa wurde daraufhin
jungfräulich Gebärerin:
Alles, was da kreucht und fleugt,
hat sie aus sich selbst gezeugt.

Sie gebar und nährte auch
Hinz und Kunz, Genie und Gauch.
Seither sind um sie die Götter
visionäre Schwerenöter.

STERNENKINDER

Es muss wohl an verschiedenen Sternen liegen,
dass Menschen sich statt lieben stets bekriegen.
Man sagt, sie sind aus Sternenstauben,
nicht nur aus guten, muss man glauben.
Aus geplatzten Sonnen kamen
auch die gierigsten als Samen,
drangen ins globale Vlies,
das zu der Zeit Gäa hiess.

Staubgeplagt im Fell war zwar
Gäa anfangs ganz und gar,
doch dann wuchs das grüne Kleid
als Dekor für Raum und Zeit.
Jene Staubart aus dem All
brachte dieses Dress zu Fall,
änderte Natur im Ganzen,
liess die Elemente tanzen.

Haben Astrologen recht?
Manche Sterne strahlen schlecht.
Und die Smogs aus explodierten
Riesensonnen importierten,
was sie schon im Raum betrieben:
Gier und listige Intrigen,
Mord und Totschlag, Lust zu Kriegen,
mit dem Vorwand, Gott zu lieben.

Was wird einmal unsre Welt,
wenn sie dann zu Staub zerfällt,
zu den andren Vliesen tragen,
die auch gern das Leben wagen?
Wie die Erde jetzt mit ihren
Lichtgalanen und den Tieren
alchemistisch mit den Pflanzen
reich verhätschelt uns Popanzen!

DAS UNIKUM IM ALL

Ein Phänomen ist's oder war's,
ein Unfall bei der Rotation,
dass sich die Achse unsres Stars,
die Erde, neigte in die Position
der schrägen Lage und damit
der Blendung floh aus dem Zenit?

Es wär vielleicht nicht auszuhalten,
von Pol zu Pol das ganze Jahr
im gleichen Licht die Tage zu gestalten:
kein Frühlingsgruss der Vogelschar,
kein Sommerschluss und Ausverkauf
im immer gleichen grellen Lauf.

Sie drehte raffiniert und bückte
ihr poliges Gestell im Licht,
bis ihr das Wechselbaden glückte
auf schiefer Bahn bei Nacht und Sicht.
So lernten wir von ihr das Zählen
und können im Kalender wählen.

Die Jahreszeiten machte sie
zum Unikum der Galaxie.

DU HAMSTERRAD
(On Ship in Space)

Wie machst du das,
die absolute Flaute
auf deinem Deck
bei deinem Speed,
dem Taumel um dich selbst?

Kein Mückenschwarm –
nicht einmal Vogellaute
in diesem Sonnenfleck;
sogar das Ried
steht ruhend in sich selbst.

Wo sind die Winde?
Der Wimpel hängt
wie nass am Mast.
Kein Kreiselspiel –
ein Wasserspiegel ohne Fische.

Und das Gesinde
stöhnt schon fast
vom Licht versengt.
Auch unterm Kiel
bewegt sich keine Frische.

Absurd ist das
bei deinem Dreh.
Verankert ohne Hafen.
Ein Himmelbett die See,
in der die Winde schlafen.

TRANSIT GLORIA

Wieder ist es spät geworden
fürs Personal auf deiner Reise.
Die Nacht regiert schon lang im Norden,
in der Antarktis tauen Eise.

Du hast den Zodiak passiert
wie letztes Jahr und ohne Neid
den Mond mit seiner Umlaufzeit
und Überholspur akzeptiert.

Die Passagiere jubeln mit:
Du setzt zur neuen Runde an
rund um die Sonne im Zenit
als Strahlenbraut in ihrer Bahn.

LEICHENSTREIT

Um die Leichen, die dich kleiden
auf der Umlaufbahn im All,
müsst' ein Teufel dich beneiden
wie ein hungriger Schakal.

Wie du turtelnd schief dem Willen
aller Lebenden versprichst,
sie im Tode noch zu stillen
mit der Sternenmilch des Lichts.

Nur die letzten deiner Kinder
woll'n dich nicht beim Worte nehmen.
Diese Religionserfinder
glauben göttlichen Systemen:

Gott versprach, all deine Leichen
ewig lebend zu erwecken.
Nur die Schlechten und die Reichen
bleiben dir als Kleiderflecken.

UR-GÄA-DU

Virtuell bist du die Auserwählte
für Schwebewesen mit Prothesen,
die Welt, die sich aus Qualen schälte,
mit Risiko zum Ominösen
und vorbelastet mit Geschichten,
mit Mythen der antiken Sichten.

Zum Teil warst du ein Göttergarten,
zum Teil als Ganzheit Braut und Frau,
warst liebestoll und fälschtest Karten
verborgen unter deinem Blau.
Die letzte Brut fragt schliesslich laut:
Sind wir von dir, aus deiner Haut?

Organische hast du geboren;
dir selber aber fehlen Ohren
und Augen für die letzten Kinder.
Die raumbewussten Raderfinder
bemühen sich nun mit Verstand,
ihr Sein zu deuten in deinem Gewand.

Viel Jammer hast du schon gelitten
von pubertären Menschensitten,
Aug- und ohrlos mitgefühlt,
feuerheiss und eisgekühlt:
Liegt in dir versteckt ein Omen
für den Ausweg vor Pogromen?

Wir vertrommeln unser Wissen
ohne Echo vor Kulissen
kosmosphärischer Spektakel
und missdeuteter Orakel.
Sind wir Zweck und dernier cri,
dein Kleid zu sein in Agonie?

WWW.GÄA

Mutation aus Gas und Feuer,
Uterus für Ungeheuer,
ungestüme Ätherbraut,
Selbstgeburt der blauen Haut,
Koitus im Hydrabauch,
Inzestkinder. Spaltenrauch
als Orakel für die Brut,
göttlicher mit Übermut.

Diese Kinder und Bastarde
nennt man Gäas Leibesgarde.
Sie kreierten Parasiten,
Ethik und Moral in Riten,
Lebensgrenzen und Verwertung
des Bewegten zur Verhärtung.
Oder Schein, Tod, Moder, Staub,
Humus aus verwelktem Laub.

Gäa mit dem Kleid der Leichen,
den Geschwistern nicht zu gleichen,
als Planet gebar zuletzt
Spider-Brut, die sich vernetzt:
Cyberspace-Sensoren tasten
nach den Urknall-Protoplasten
zum Beweis der Quintessenz
exklusiver Prominenz.

STOFFWECHSEL

Die Zeit ist Gäas Schneiderin,
sie dekoriert ihr Kleid;
sie war schon die Designerin
der Urvergangenheit.

Sie hat den Webstuhl konstruiert,
der aus Bewegtem Stoffe macht,
sie webt das Leben ungeniert
ein in die Toten-Tracht.

Sie sät den Abfall wieder aus
und erntet, was sie braucht.
Ihr Gusto ist gar oft ein Graus,
der kalt ins Blühen haucht.

Für Gäa selbst gab's kein Pardon,
der Webstuhl war schon da
vor ihrer ersten Kommunion,
urlang vor Golgatha.

Sie wechselt ihre Kleider jetzt
wie immer schon mit Leichen,
die ihr die Schneiderin aufschwätzt,
um keiner Welt zu gleichen.

VOR DEM OUTFIT

Soll es mich mit Stolz berühren,
wenn ich bald im Kleid der Erde,
eingenäht in die Bordüren,
unbestimmt zum Outfit werde?

Werd ich einen Stich verspüren
bei der Auswahl und zur Probe?
Bei der Stoffwahl die Allüren
einer Diva in der Robe?

Hab ich nicht ein Leben lang
gut gekordelt und gezwirnt
für das Kleid im Wandelgang
astronomisch mitgehirnt?

Knopf war ich und Reissverschluss,
kopfrebellisch dekoriert,
farbenstark im Lichterguss
und in Dehnbarkeit trainiert.

Wird sie mich als Flicken brauchen
oder als ein Polsterkissen,
um das Sex-Appeal von Frauchen
für den Korso aufzufrischen?

Wird sie einen Striptease tanzen,
wenn sie endlich ihren Mann
aufspürt in der Sternenbahn,
und die Leichen so verpflanzen?

ICH STELL MIR VOR,

dass alles eine Übung war,
ein wiederholtes Exerzieren:
vom Chaos vor dem Uraltar
bis hin zum Spiel vom Expandieren,
vom Wasserstoff zum Zellverein,
vom Nebligen zum Klaren,
Zentrierten und Gespaltensein
im Aggregatverfahren.

Im Drill der ewigen Fusionen
beim Urstoffbrennen zur Verwandlung
entwichen in das All Photonen,
doch ohne Auftrag einer Handlung.
Ein Sonderfall geschieht auf Erden:
Das Licht zerfliesst in Lust und will
in Mitochondrien neu werden,
im Wandeltanz mit Chlorophyll.

Lichtgalane, Strahlenreiter,
schwerelose Zeitbegleiter
schwirren durch das All und zünden
Urstoffenergie in Gründen,
die nach allen Seiten streben,
um Fiktionen auszuleben.
Doch hat alles eine Frist,
was darin geboren ist.

KANN ES LIEBE SEIN?

Was in Sternen sich verbindet,
sich in Sonnen heiss umschlingt,
wo Wasserstoff zu Helium findet,
strahlend die Verwandlung kündet
mit dem Licht, wenn es gelingt:
Könnte eine Hochzeit sein.

Können Elemente lieben?
Ihre Kinder, die Photonen,
die aus der Verbrennung stieben,
sind dem Kosmos zugeschrieben,
altruistisch zu bewohnen:
Könnte eine Sehnsucht sein?

Dieses Leuchten, dieses Wärmen
in die grünen Lebenszellen
aus den Sonnen unter Sternen
mit Orgasmen in den Kernen
alchemistisch in den Quellen:
Könnte auch die Liebe sein.

DER SAUERSTOFFJODLER

Wenn es stimmt, dass Energie frei wird,
wo Elemente sich vereinen, um
verwandelt neu zu sein, dann sind
die Strahlen aus der Sonne bei
den Heliumfusionen schon
Orgasmusjodel einer Liebelei.

Sie jubeln stumm durchs kalte All
und animieren alle Pflanzen
– wer weiss, wen noch, fast überall –,
ins Grün den Überfluss zu stanzen.
Taktstock ist die Zeit im Licht
mit subkutaner Übersicht.

Es schenken sich die Gigolos,
gewichtsbefreite Elektronen,
im ballsaalgrünen Zellenschoss
mit lebensfrohen Ambitionen
Partnern mit den Präferenzen,
die Kreationen zu ergänzen.

Es wird geprobt, es wird sortiert.
Die lichtgalanten Wellenreiter
sind liebestoll und unbeirrt
als Kohlenstoff- und Luftbereiter,
alchemieren und befreien
den Sauerststoff von CO_2en.

IM GEHEIMNIS DER IDYLLE

Im Stau der Mittagsatmosphäre,
als ob der Puls vergessen wäre,
steht das Gebüsch. Die Luft ist lau
im Sonnenlicht und blendet blau.

Ein Maler hätte Müh mit Grün
und all den Farben im Verglüh'n,
bewegt nur vom Gesums der Bienen,
die einem Unsichtbaren dienen:

Diesem Sex der Ur-Photonen,
dem Strahlentanz in Protozonen,
dem Liebesakt der Elemente
beim Austausch ihrer Lebensspende:

Orgasmusfest im Blattpalast –
Idylle nennt's der Augengast,
dem alles wie gezeichnet scheint,
so lieb und zart im Duft vereint.

Ozon haucht aus und schenkt das C
dem E-Werk in der Saft-Etage
mit Wurzelkräften in die Höh
zur alchemistischen Passage.

Wo Lichtgalane in der Stille
exotisch die Fusion erfüllen,
betört die Welt der Lebenswille
im Himmelbett der Blätterhüllen.

ALL NOON

High Noon so lässig wie Siesta,
wenn alles scheinbar schläft,
dem Licht ausweichen will, der Blendung,
ist Schöpferzeit, das Orgienfest
in Mitochondrien und Chlorophyll.

Dann kocht Chemie am grünen Herd,
sind Lichtgalane unterwegs,
zur Katalyse der Geburten
bei der Fusion von Geist und Sein
im Werden, das sich teilen will.

BLÜTENSEX ALS KREATION

Als die Welt erschaffen war
mit dem ersten Menschenpaar,
gab es noch ein Supplement
zum Insektensortiment.

Alles, was da kreucht' und fleuchte,
war für Flora keine Leuchte,
kein System und kein Bemühen
für den Liebesdienst beim Blühen.

Da gab Gott den sexappealen
Blumen zu den Farbenspielen
Duft und Nektarproduzenten:
Bienenlust beim Pollenspenden.

Als Beispiel für die Menschen auch:
durch Fleiss den Vorrat im Verbrauch
zu konservieren wie in Waben,
damit sie winters etwas haben.

Würden wir die Bienen missen,
müssten wir die Blüten küssen,
wie Chinesen mit den Nasen
Pollen rubbeln oder blasen.

Dank der Bienenlust in Wiesen
dürfen Nasen weiter niesen
und das honigsüsse Küssen
kreationsbedingt geniessen.

MARKTNOTIZ

Wie Geist mutiert,
Materie wird,
das weiss nur
die Natur.

Der Agronom
lebt stumm davon,
bedankt sich kaum
bei jedem Baum

beim Ernten und
beim Lesen
für Wandlung und
Synthesen;

da stünd' danach
im Almanach:
gezeugt von
Strahlenwesen.

LUSTKONZERTE

Diese Lust zum Jubilieren
vor dem Licht und vor der Nacht
ist der Drang zum Imponieren
einer Lebens-Willens-Macht.

Ob melodisch oder krächzend,
ob gefährdet im Gebiet,
diese Kehlen schmettern lechzend
nach der Brut ihr Liebeslied.

Immer ist auf dieser Welt
irgendwo ein Lichtkonzert,
wo Natur den Takt bestellt
und das Werden sich vermehrt.

Ob in Federn oder Haaren:
Es frohlocken in Ekstasen
auch bei tödlichen Gefahren
Kreaturen in Emphasen.

IV.

NACH DER WANDERSCHAFT AUF ERDEN

Der Kreislauf des Lebens

AGONIE

Vom Auftrag des Lebens entfernt,
getrennt von der Wurzel des Seins
duften sie noch in letzter Ekstase:
die Rosen in prunkvoller Vase.

ZITATENFLAU

Denn was besteht, sei wert,
dass es zu Grunde geht,
heisst nicht, dass es verweht,
solang dabei ein Keim entsteht.

Wie eine Rose, wenn sie blüht,
mit Duft und Farben sich bemüht,
die Wiederholung zu bedienen
mit süssen Säften für die Bienen,

so ist der Aufwand für das Sein
ein Liebesspiel um einen Keim,
der von der Wurzel bis zum Blatt
die Frucht der Liebe in sich hat.

Die Völlerei, die Plagerei
im Werden bis zum reifen Ei
verwandeln welkend sich zurück,
befreit von Not im Augenblick.

DER AUSBLICK

Der Blick in die Vergangenheit
beweist nur die Vergänglichkeit,
den Frustversuch von Zeichen,
dem Sterben auszuweichen.

Nichts ist standhaft. Man verlängert
höchstens die geborgte Frist;
Leben ist schon todgeschwängert,
auch als frommer Hedonist.

Sterne sterben. Neue Sonnen
gründen ihre Lichtfabriken.
Aus der Asche dicht versponnen
fusionieren Kern-Repliken.

Haltlos alles, nur die Löcher
mitten unter Strahlvaganten
bieten die opaken Köcher,
wieder in dem Nichts zu landen.

Ist ein Kreislauf so erwiesen
aus dem Nichts zurück ins Dunkle
und dazwischen das Geniessen
als Geschöpf im Raumgefunkle?

FRÜHSPORT

Diese Lust zum Leben hin
beim Massenstart zum Sterben, auf
dem Umweg durch die Laugen im
Schleimkanal mit Dauerlauf
war im Sperma schon dabei
und egozentrisch auch im Ei.

Ich war der Eifrigste von allen
und hab dem Eierstock gefallen,
dann liess ich meine Geissel los
und nistete in Mutters Schoss.
Dort übte ich vom Fisch zum Affen
den Menschenfötus zu erschaffen.

Der erste Schrei war ein Hurra:
Nach zig Millionen Schwierigkeiten
von Mutationen war ich da
in hellen wie in dunklen Zeiten.
Diese Lust zum Leben bleibt,
solang die Seele Sport betreibt.

TELEGRAMME

Wie ich als Kind war, vor und in
dem «tausendjährigen Reich»? Na schlimm!
Ein Staubkorn war ich in dem Sturm,
geblendet von dem Licht im Turm,
das uns Dorado und die Welt
versprach als unser Zirkuszelt.

Dann kam wie Segen von Frau Holle
die «Nie-mehr-Krieg»-Parole,
die impfte mir den Glauben ein:
Es kann nie mehr was andres sein.
Die Waffen in den Arsenalen
sind museal, von Kannibalen.

Ich glaubte wie verrückt und fest,
wie Saulus, den das Licht gepresst
in Einsicht tauchte, bis er sah
den Menschensohn in Jehova.

Ich wurde Paulus mit dem Spruch
nach tausendjährigem Versuch,
die Welt zu meistern mit Gewalt.
Mich lassen Religionen kalt,
bezweifle auch die Göttlichkeit,
doch nie mehr Krieg ist Möglichkeit.

MYSTERIUM

Ich wundre mich gar oft darüber,
ob ich auch wollte, was ich tat.
Warum war mir die Mühsal lieber
als die Bequemlichkeit im Bad?

Gerade Linien, rechte Ecken
verwirrten meinen Blick ins All.
Ich lief unnötig weite Strecken
wie Golfer nach verschoss'nem Ball.

Ich hatte immer das Gefühl,
die Wege sind für mich gemacht.
Sehr oft versäumte ich das Ziel
für eine heisse Liebesnacht.

Der Wille kennt die Reue nicht,
verführte oft meinen Verstand
wie Falter zum letalen Licht
oder Kopf durch eine Wand.

Doch in der Tat, ich glaub daran:
Da war noch eine andre Kraft,
die mich beschützte auf der Bahn
der Illusion und Leidenschaft.

LEICHT GESAGT, ERNST GEMEINT

Ich versuche Dank zu sagen
für die Freuden, für die Plagen,
die mich bisher leben liessen
mit der Illusion von Wissen,
mit den Überheblichkeiten
und dem Glück in Jugendzeiten.

Scham befällt mich beim Besinnen,
wie ich stolz war beim Bestimmen,
wie ich irrte immer wieder,
missverstand die Kinderlieder
und den Gockel imitierte,
der den Hühnerhof regierte.

Nach dem Krähen und viel Kratzen
lernt ich schein und heilig schwatzen,
glänzte bald als Philosoph
und verliess den Vogelhof,
war in Bremen schnell bekannt
als ein Alien-Mutant.

Sang Balladen für Fibrillen
im grünen Reich der Blattidyllen,
betete die Sterne an,
was man ja am Tag nicht kann:
Darum ist es endlich klar,
was ich für ein Vogel war.

MÄRZ 2013

Was will ich mehr,
als dass mein Lebenssinn
korrekt war – danke sehr –,
auch wenn ich nicht mehr bin.

Mein Dank gilt auch
dem Pech und Nöten,
die meinen Bauch
manchmal getreten.

Pauschal genommen
litt ich wenig,
hab Ehr bekommen
wie ein König,

war protegiert,
Adept zu sein,
zu jung logiert
im Altersheim.

Ciao Welt, ciao Kraft,
ciao Lebenstraum:
Ich grüsse nach der Wanderschaft
auf Erden als ein Staub im Raum.

FAST AM ZIEL

Die letzten Meter sind der Endspurt
in den Heimen
und werden immer länger jeden Tag.
Den einen mit Rollator vor
den Beinen
oder am Stock mit Haftbelag.

Die friedhofsblonden Köpfe nicken
traulich.
Es ist kein Marathon-Final.
Man setzt sich rücksichtsvoll und
lobt beschaulich
das Personal im Speisesaal.

Beim Dessert wird der Start
besprochen;
vielleicht ist man schon bald am Ziel.
«Der Winter naht, ich hab den Schnee
gerochen
und wieder dieses Zerr-Gefühl!»

STAUBGEFÜHL

Eigentlich ist nur noch mein Hirn
mit leidlich Kraft vom Herz versorgt.
Ein Weniges von dem Gestirn,
wie Staub, den es von ihm geborgt.

Die Knochen bröckeln, und
das Fleisch wird schwach.
Die Beine stöckeln, und
zur Schlafzeit lieg ich wach.

Doch hör ich, wie die Vögel singen.
Es ist ja Frühling wieder mal.
Die Welt erfreut sich am Gelingen;
das war dereinst auch meine Qual.

Nicht alles war perfekt und heiter.
So manches Ziel erreicht' ich nicht.
Es brachen Sprossen auf der Leiter
wie Jakobs vor dem Himmelslicht.

Doch war mein Klettern nicht vergebens.
Auch das Versinken machte Spass
im Auf und Ab des Erdenlebens:
im staubbewussten Mass für Mass.

GEDANKEN VOR DEM TOD

Es bleibt mir nur noch zu bemerken,
wie schön es war, als ich mich spürte
bei allem Tun, bei allen Werken,
weil mich die Lust dazu verführte.
Mein Leben war – die Hand aufs Herz! –
fast frei von Papagenoschmerz.

Die Drangsal war nie reflektiert.
Vernarbte Wunden trug ich stolz.
Wenn Hagel einen Baum traktiert,
bleibt dieser heil und feil im Holz.
Lang flog ich gaukelnd wie ein Falter
mit Flügelrissen durch das Alter.

Dann lernte ich vernarbt zu denken,
wie glücklich ich durchs Wetter kam;
wem soll ich, was ich hab, verschenken?
Es ist nur Philosophenkram:
Ich sah das Licht, das in den Pflanzen
den Festsaal fand, darin zu tanzen.

PEGASUS BEI NACHT

Natürlich bin ich Fan vom Licht
und dankbar für den Sonnenschein,
doch verblendet es die Sicht
in den Raum des Alls hinein.

Darum liebe ich die Nacht
nach dem blauen Gaukel-Zelt,
die den Himmel sichtbar macht
und den Standpunkt in der Welt.

Der Unendlichkeit gewiss
reite ich nach Osten mit
auf Pegasus, der sein Gebiss
zähnefletscht in den Zenit.

Spür den Wunsch in seinen Schwingen,
diesem Orbit zu entfliehen,
aus dem Rodeo zu springen,
mit der Sternenwelt zu ziehen.

ANÄSTHETISCH

Tiefblau duftend liegt im Raume
vor dem schwarzem Tor der Zeit
eine Tropfenschar im Schaume
für den Wellenritt bereit.

Wellenberg und Wellental
rauschen hell und dunkel,
überstürzend Mal um Mal
wie ein launiges Geschunkel.

Schatten spielen Klarinette,
uferlose Melodien,
ein Choral zitiert Sonette,
tanzt und schlägt ein Tamburin.

Windgepeitschte Bäume heulen
tränengrünen Blätterklang,
und im Klosterhof mit Säulen
hallt der Nonnen Bussgesang.

Nach dem Sturme überm Dache
glüht das grosse Feuer aus,
flieht im Westen wie ein Drache
bauchverletzt das Schattenhaus.

HERBST

Denk dich weg –
versuche wie ein Blatt,
vom Wind getrieben,
auf dem Bauch
im Sand zu liegen.

Denk dich weg
vom Ast, und dass du
noch geboren hast
das Knospenkind,
das jetzt den Frühling
träumt mit deinem Saft.

Denk dich weg und
küss den Grund.
Der Baum war dein
Entbindungsheim.

DIE LETZTE LEBENSPHASE?

Ist sie nicht die Ähre,
die volle Frucht mit Kern,
der Vorrat für die Leere
vielleicht auf einem Stern?

Das Laub am Boden weiss:
Was noch in Ästen hängt,
hat es mit grünem Fleiss
den Sommer lang getränkt.

Die letzten warmen Strahlen
verwandeln es in Gold
mit Dank, dass im Sakralen
sich alles wiederholt.

AURA-KERN

Ob ein Körnchen in der Galaxie –
vielleicht ein nanokleiner Leichenrest –
Bewusstsein hat nach seiner Agonie,
dem ausgelebten Daseinsfest?

Erweitert Aura doch die Geistfiguren
mit Strahlenhaut und Farbgestalten,
das Makrokleid der Lichtnaturen,
solange sie den Kern verwalten.

Ein Korn ist nur ein Konzentrat,
um das herum das ganze Wesen
den Sein-Bezug zum Weltall hat:
profan und heilig zu genesen.

NICHT DER ENDSPURT,

nicht das Ziel,
sondern Ankunft
im Gefühl
bei der Rückschau
aufs Pauschale
mit den Flops
und mit den Hops.

Mit Hurras
und den Dadas:
beginnt und
endet
das FINALE.

VOM AUTOR IST BEREITS ERSCHIENEN

Alfred Ilk
GEDANKEN-BILDER
Gedichte
Verlag : Epla
ISBN : 978-3-940554-08-6
März 2008
Paperback
€ 6,80

Unendlich weit und doch so nah ist das, was außerhalb unseres Planeten sich befindet. Mit seinen galaktischen Gedichten bringt uns der Autor dem Universum näher, nimmt uns mit auf seineReise in die Geheimnisse des Weltalls.

Der blaue Schleier um die Welt
täuscht uns mit hochgewölbtem Zelt
als Zirkus dieser Erde.

„Mit herzlichem Dank & Gruss,
Peter von Matt"

Alfred Ilk
Dıese Frühgeburten ım Orbıt
Galaktische Gedichte
Verlag: Books on Demand
ISBN: 978-3-8334-8714-9
Januar 2009
Paperback, 72 S.
€ 8,00

Das hat die Welt nicht oft gesehn
Dass Lehrer selbst ans Lernen gehn,
Clavius, der Gottesknecht
Gab dem Galilei recht.

Bert Brecht

„Sehr geehrter Herr Ilk,
Ich danke & grüsse sehr herzlich,
Ihr Peter von Matt"

Alfred Ilk
SCHLARAFFENLAND
AUF NULL-DIÄT
Irdische und kosmische Gedichte
Verlag: Books on Demand
ISBN: 978-3-8334-7140-7
Mai 2009
Paperback, 96 S.
€ 10,20

Abgesehen von den Jahren,
die uns viel zu langsam waren,
weil die Älteren schon durften,
was wir bei Verbot umkurvten,
war die Zeit der Pubertät
Schlaraffenland auf Nulldiät.

„Sehr geehrter Herr Ilk,
Vielen Dank,
ich habe mich nachdenklich amüsiert.
Mit gutem Gruss,
Ihr Peter von Matt"

Alfred Ilk
Vom Schattensein zum Sonnenwind
Gedichte aus Gäas Garten
Verlag: Books on Demand
ISBN: 978-3-8334-7166-7
März 2010
Paperback, 100 S.
€ 16,00

„Ich wünschte, Sie schafften den Durchbruch, denn Sie haben –
das hörten Sie auch schon von mir –
meines Wissens als Erster und Einziger der Poesie
die Galaxien erobert."

Prof. Dr. Bernhard von Arx

Alfred Ilk
DIE WAHRHEIT LIEGT
IM WIDERSPRUCH
Gedichte
Verlag: Books on Demand
ISBN: 978-3-8391-9381-5
März 2011
Paperback, 84 S.
€ 12,00

Dies ist Alfred Ilks letzter Gedichtband.
Er ist 2013 verstorben.